Sonja Sammüller

Geldgeschenke

mit Schritt-für-Schritt-Abbildungen

Sonja Sammüller

Geldgeschenke

mit Schritt-für-Schritt-Abbildungen

EDITION XXL

Inhaltsverzeichnis

Vorwort	10-11
Werkzeuge und Materialien	12-15
Für das Baby ...	16-19
Zum Kindergeburtstag ...	20-29
Zum Schulanfang ...	30-33
Zur Kommunion und Konfirmation ...	34-37
Besondere Ereignisse ...	38-45
Zur Verlobung und Hochzeit ...	46-53
Für das Zuhause ...	54-61
Essen gehen ...	62-67
Reisen ...	68-77
Für das Styling ...	78-85
Musik und Lesen ...	86-91
Tiere ...	92-101
Zu Ostern und Weihnachten ...	102-107
Zum Geburtstag ...	108-129
Register	130-131

Vorwort

Sicher ist es auch Ihnen oft schon so ergangen: Sie haben den Geburtstag Ihres Neffen vergessen und brauchen nun in letzter Minute eine Geschenkidee, die schnell und leicht zu verwirklichen ist. Leichter gesagt als getan! Ihnen ist zwar bekannt, dass er z. B. Fußball spielt, Sie wissen jedoch nicht, was genau er in diesem Zusammenhang schon hat oder was ihn überhaupt erfreuen könnte. Über einen einfachen Umschlag mit Geld wird er sich zwar auch freuen, aber Sie werden sehen, wie viel mehr Spaß es macht, ihm Geld in einer Form zu schenken, die ihm wirklich gefällt und somit auch einen bleibenden Eindruck hinterlässt.

Oder Ihre Tochter wird in wenigen Tagen eine Reise nach Rom antreten und Sie möchten ihr Urlaubstaschengeld auf originelle Art und Weise aufbessern.

Sie sollten sich davor hüten, dem Beschenkten unnötige Porzellanfigürchen, Gestecke oder das für ihn bereits 5. Rasierwasser in diesem Jahr zu überreichen. Er wird es Ihnen danken, wenn Sie ihm einen Wunsch erfüllen, indem Sie z. B. einen Teilbetrag für eine bestimmte Sache beisteuern. Vielleicht möchten Sie auch etwas komplett finanzieren, wollen es jedoch nicht persönlich kaufen, weil Sie den Geschmack nicht wirklich einschätzen können. So wird sich die Enkelin über ein witziges Geldgeschenk mehr freuen als über einen neuen Pullover in der falschen Farbe und womöglich auch noch in der falschen Größe.

Dieses Buch wird Ihnen durch die vielen Schritt-für-Schritt-Abbildungen zeigen, wie leicht es ist, tolle Geldgeschenke zu entwickeln.

Genaue Anleitungen von den Ausgangsmaterialien bis zum fertig verpackten Präsent helfen Ihnen dabei, mit einfachen Mitteln effektive Geschenke zu gestalten.

Viel Spaß und Erfolg wünscht Ihnen

Ihre Sonja Sammüller

12 Werkzeuge

Hier sind einige Mal- und Bastelwerkzeuge, die Ihnen die Arbeit beim Verwirklichen Ihrer Geldgeschenke erleichtern:

Für das Basteln mit Papier sind Klebestift und Flüssigkleber sehr gut geeignet. Wenn Sie Geldscheine festkleben möchten, sollten Sie am besten wieder löslichen Fotokleber benutzen.
Manchmal genügt auch ein kleiner Klebestreifen an der richtigen Stelle. Am leichtesten lassen sich die Klebestreifen mit einem Abroller abziehen.
Für manche Dinge benutzt man zum Befestigen entweder schmales, doppelseitiges Klebeband oder für größere Gegenstände Teppichklebeband. Das Festgeklebte lässt sich so leicht wieder voneinander trennen.
Für Sachen, die nur schlecht kleben oder die etwas mehr Gewicht haben, eignet sich die Heißklebepistole am besten. Die Klebestäbe können immer wieder nachgefüllt werden.
Bastel- und Blumendraht eignet sich besonders für Gestecke und hinterlässt keinerlei Spuren, wenn man z. B. gefalzte Geldscheine damit fixiert.

Papier- und Allzweckschere eignen sich bestens für das herkömmliche Basteln. Scheren sollten jedoch stets für geeignete Materialien verwendet werden. So sollte man z. B. Stängel von Blumen und Pflanzen nur mit einer Blumenschere abschneiden und Draht immer mit einem Seitenschneider trennen.
Mit der Zick-Zack-Schere erhalten Sie eine dekorative Schnittkante.
Beim Schneiden von Karton oder anderen dickeren Papiersorten sollten Sie möglichst einen Cutter benutzen.

Lineal, Geodreieck und Zirkel sind hilfreich beim Ziehen von Linien und Kreisen.

Mit einem Bleistift lässt sich alles vorzeichnen und bei Bedarf mit einem Radiergummi auch leicht wieder wegradieren.
Mit Bunt- und Filzstiften können Sie alles aus Papier oder Pappe bemalen. Für Gegenstände aus Holz oder Plastik eignen sich Permanent-Marker und Lackstifte am besten zum Bemalen und Beschriften.
Große Flächen gestalten Sie am besten mit Wasserfarben.
Mit Plaka-Farbe können Sie auch Glas oder Plastik gut bemalen.

Materialien 13

Denken Sie daran, dass es viele verschiedene Papierarten in den Bastelgeschäften gibt, die – richtig angewandt – ein Geschenk erst reizvoll machen können.

Bei der Auswahl des Papiers sollten Sie beachten, dass Tonpapier sich zwar leicht falten lässt, jedoch nicht so stabil ist wie Tonkarton.
Zum Dekorieren genügt farbiges Papier.
Schöne Effekte können Sie mit Transparentpapier und Strohseide erzielen.

Moosgummi ist nicht zum Falten, aber bestens zum Verzieren und Dekorieren geeignet. Praktisch sind vorgestanzte Buchstaben oder Formen aus Moosgummi.
Mit Spiegelkarton können Sie ein Geschenk edel wirken lassen.
Veloursartiges Papier ist ideal, wenn Sie z. B. einen Rasen, einen Teppich oder einen flauschigen Untergrund darstellen wollen.

Gewöhnliche Wellpappe und Wellpappe mit Sinuswellen ist etwas ausgefallener als normale Tonpappe und kommt beim Basteln von Kästchen oder als Unterlage schön zur Geltung.
Zum Verstärken von Bodenplatten eignet sich am besten ein Stück Graupappe. So können Sie z. B. ein Stück aus einer alten Pappschachtel aus Ihrem Vorratsschrank verwenden.

Sie sollten stets darauf achten, dass Sie gut erhaltene, saubere Geldscheine verwenden. Sind sie verknittert, so können Sie sie etwas bügeln.
Bitte gehen Sie vorsichtig mit den Geldscheinen um. Schließlich handelt es sich primär dabei nicht um Bastelpapier, sondern um ein Zahlungsmittel.

14 Verpackung und Schleifen

Beim Wählen des Verpackungsmaterials sollten Sie sich zum einen nach dem Geschmack des zu Beschenkenden richten und zum anderen versuchen, Bezug auf den Anlass zu nehmen.

Ob einfarbiges oder gemustertes Geschenkpapier ist Geschmackssache. Beim Verpacken können Sie auch beides
miteinander kombinieren.
Geschenkfolie gibt es ganz transparent oder auch mit schönen Mustern bedruckt. Sie sollte immer dann verwendet werden, wenn das Geschenk auch in verpacktem Zustand voll zur Geltung kommen soll.
Strohseidenpapier wirkt sehr vornehm und lässt das Eingepackte noch in ungeöffnetem Zustand erahnen.

Auch mit Stoffen können Sie Geschenke edel verpacken. Es gibt viele Stoffarten wie z. B. Jute oder Samt, die Sie schon sehr günstig kaufen können.
Weiße Tücher können Sie einfärben oder bemalen. Vielleicht haben Sie noch ein altes Betttuch zu Hause, das Sie zum Verpacken „opfern" möchten.
Oder verwenden Sie doch einfach mal ein Seidenhalstuch oder einen -schal als Verpackung.

Ist das Geschenk erst einmal verpackt, müssen Sie nur noch eine passende Schleife gestalten.

Geschenkband aus Metall-, Textil- oder Zellstofffasern ist die Basis für jede Schleife.
Spitzen-, Tüll- und Seidenbänder eignen sich gut für Schleifen, die edel wirken sollen.
Am besten lassen sich solche Bänder zu Schleifen verarbeiten, die an den Seiten eingearbeitete Drähte haben.

Schmales oder etwas breiteres Ringelband dient dazu, entweder kleinere Akzente bei einem Geschenk zu setzen oder große Schleifen festzubinden.
Es gibt Ringelbänder in sämtlichen Farben.
Eine schöne Alternative ist dünnes Band aus Stoff.

Verpackung und Schleifen — 15

Die einfache Schleife:

Nehmen Sie dünnes Ringelband und ein Stück breites Geschenkband.

Halten Sie das Band mit der linken Hand fest und legen Sie mit der rechten Hand eine Schlinge.

Fassen Sie an dem Punkt, an dem sich das Band überkreuzt, die Schleife zusammen.

Legen Sie ein langes Stück Ringelband um die Mitte der Schleife.

Binden Sie die Schleife zusammen. Achten Sie dabei darauf, dass das Geschenkband sich nicht verdreht oder zu viele Falten schlägt.

Nehmen Sie die beiden langen Enden des Ringelbandes und binden Sie eine weitere Schleife.

Sie können nun die Schleife fertig stellen, indem Sie die Schleifen des Ringelbandes aufschneiden.

Oder Sie nehmen ein Messer und kräuseln das Ringelband.

Schleifenvarianten:

Sie erreichen einen sehr schönen Effekt, wenn Sie die einfache Schleife zweimal aufeinander binden.

Bei einem großen Geschenk können Sie ebenfalls zwei Schleifen übereinander binden, wobei Sie die Enden etwas länger lassen. Das sieht sehr dekorativ aus.

Mit einem goldenen Metallfaserband können Sie eine Schleife sehr schön gestalten. Binden Sie die Schleife mit dem dünnen Ringelband zusammen und lassen Sie die langen Enden hängen.

16 Für das Baby ...

Ein Storch z. B. aus einem Blumenladen oder aus der Spielwarenabteilung, etwas Holzwolle und ein roter, runder Teller sind Ausgangsmaterial.

Verteilen Sie die Holzwolle auf dem Teller und setzen Sie das Storchennest darauf.
Nun benötigen Sie ein Stück weißen Stoff, etwas Bast, einen Geldschein und eine Schere.

Binden Sie den Stoff oben zusammen und lassen Sie dabei eine kleine Öffnung für den Geldschein.

Rollen Sie den Geldschein und schieben Sie ihn in das weiße Windelsäckchen. Anschließend legen Sie das Säckchen neben das Storchennest auf die Holzwolle.

... Eier vom Storch 17

Eine nette Art, frisch gebackenen Eltern etwas Geld zur Unterstützung für ihr Baby zu überreichen.
Benutzen Sie zum Verpacken eine Transparentfolie mit rot-weißem Aufdruck.
Stellen Sie das Storchennest auf die Folie und binden Sie diese oben mit etwas rotem Ringelband zu.

18   Für das Baby ...

Die Bodenplatte basteln Sie aus je einem gleichgroßen Stück Well- und Graupappe: Kleben Sie die beiden Pappen aufeinander.

Kaufen Sie Utensilien wie Schnuller und Bilderbuch für das Baby, Deko-Schmetterlinge erhalten Sie im Bastelgeschäft.

Klappen Sie das Bilderbuch auf und legen Sie es auf die Bodenplatte.
Wählen Sie zwei Geldscheine und einige Münzen aus.

Legen Sie einen Geldschein wie gezeigt vor sich auf den Tisch.

Falten Sie den Schein einmal in der Mitte.

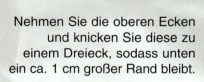

Nehmen Sie die oberen Ecken und knicken Sie diese zu einem Dreieck, sodass unten ein ca. 1 cm großer Rand bleibt.

Klappen Sie nun den einen Rand vorne und den anderen Rand hinten hoch.

Fertig ist ein kleines Hütchen, das auf einen Schnuller passt.

... Kindergeld   19

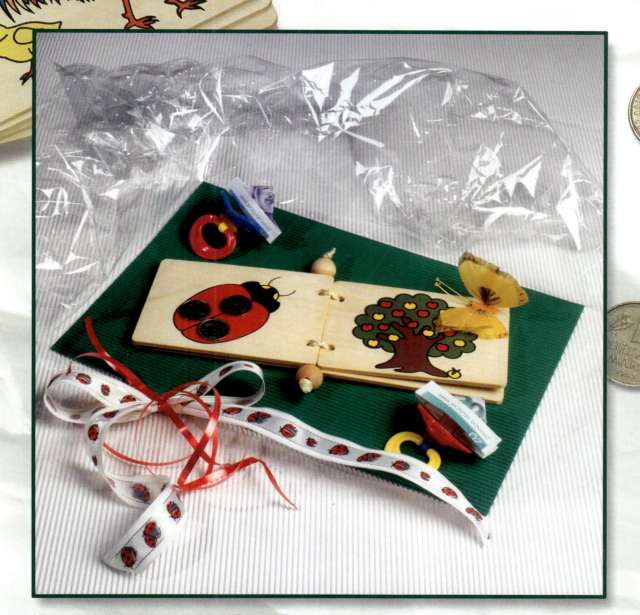

Mit wenig Aufwand und nützlichen Gegenständen können Sie ein farbenprächtiges Geldgeschenk für das Kleine zusammenstellen. Beim Verpacken binden Sie Klarsichtfolie mit einer Schleife zu. Besonders hübsch ist es, wenn die Schleife ein Motiv mit kleinen Tieren oder Babies hat.

Arrangieren Sie die Schnuller auf der Bodenplatte und stecken Sie die Hütchen darauf. Den Schmetterling und die Münzen können Sie an beliebigen Stellen platzieren.

Zum Kindergeburtstag ...

Ein Stück Karton dient als Untergrund. Darauf kleben Sie braunen und grünen Tonkarton, blaue Wellpappe und blaues, veloursähnliches Papier.

Die Grünflächen stellen Wiese, die Blaufläche Wasser und der braune Grund einen Weg dar. Weiterhin werden Sand, Streichhölzer und etwas Moos benötigt.

Die Streichhölzer ohne Köpfe ergeben den Zaun und das Moos wird zum Gebüsch. Bestreichen Sie eine kleine Fläche mit Klebstoff und streuen Sie etwas Sand darauf. Kleine Tierfiguren, etwas Draht und ein Seitenschneider werden nun noch benötigt.

Stellen Sie einen Löwen auf die Wiese und bauen Sie ein kleines Draht-Gehege um ihn. Zwei Geldscheine und doppelseitiges Klebeband kommen nun zum Einsatz.

Falten Sie die beiden Scheine, sodass sie zusammengesetzt einen Pfeil ergeben.

Kleben Sie den Pfeil mit dem doppelseitigen Klebeband auf den Weg und besorgen Sie rote Tonpappe, Klebeband, einen schwarzen Stift und ein Holzstäbchen.

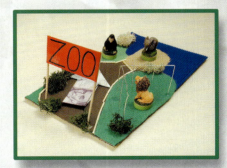

Bauen und beschriften Sie ein kleines Eingangstor.

Der Deckel eines Schuhkartons und grünes Geschenkpapier ergeben den Transportbehälter.

... tierisch viel Knete   21

Kinder sind fasziniert von wilden Tieren und haben einen starken Erlebnisdrang. Dieser Vorgeschmack auf einen Zoobesuch wird jedes Kinderherz erfreuen.
Stellen Sie den Modellzoo in den mit grünem Geschenkpapier überzogenen Deckel und benutzen Sie etwas Geschenkband als Griff zum Tragen.

22 Zum Kindergeburtstag ...

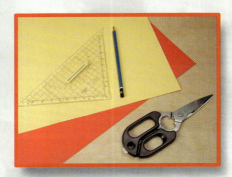

Tonpapier in 2 verschiedenen Farben, Bleistift, Geodreieck und eine Schere sind Ausgangsmaterial für alles Weitere.

Sie brauchen für die Beine 2 Streifen 70 x 2 cm, für die Arme 2 Streifen 60 x 2 cm und für den Rumpf einen 4 x 32 cm langen Streifen. Legen Sie 2 Streifen rechtwinklig übereinander und kleben Sie sie aneinander fest.

Falten Sie den unteren Streifen nach oben, dann den rechten Streifen nach links usw....

Kleben Sie Rumpf, Arme und Beine zusammen. Weiterhin benötigen Sie ein halbrundes Stück Tonpapier, eine Styroporkugel mit einem Durchmesser von 4 cm und einen 30 x 2 cm langen Streifen für die Halskrause.

Kleben Sie den Halbkreis zu einem Hut zusammen und falten Sie den Streifen für die Krause im Zick-Zack. Nun benötigen Sie weißes Nähgarn und eine Nähnadel.

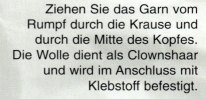

Ziehen Sie das Garn vom Rumpf durch die Krause und durch die Mitte des Kopfes. Die Wolle dient als Clownshaar und wird im Anschluss mit Klebstoff befestigt.

Wickeln Sie die Wolle über Ihren Handrücken. Ziehen Sie sie dann ab und binden Sie sie in der Mitte zusammen. Schneiden Sie dann die äußeren Enden auf. Für das Gesicht benötigen Sie verschiedenfarbiges Tonpapier und einen Filzstift.

Kleben Sie die Haare und den Hut fest. Anschließend können Sie das Clownsgesicht gestalten.(Als Nase ist auch eine Stecknadel gut geeignet.). Kleben Sie dem Clown noch Füße und Hände an.

... Manege frei 23

Ziehen Sie ein Geschenkband durch den Hut des Clowns und nehmen Sie ein quadratisches Stück Tonpapier, um einen Geldumschlag zu basteln. Falten Sie dazu die vier äußeren Ecken in die Mitte und kleben Sie 3 Ecken in der Mitte mit einem kleinen Stück Papier fest. Falten Sie einen Geldschein und schieben Sie ihn in den Umschlag hinein.

Kleben Sie den Geldumschlag an der Hand des Clowns fest.

Was ist für einen Zirkusbesuch charakteristischer als ein Clown? Nehmen Sie den Clown an der Schleife und überreichen Sie ihn so dem Geburtstagskind. Eine nette Einstimmung für einen späteren Zirkusbesuch.

24 Zum Kindergeburtstag ...

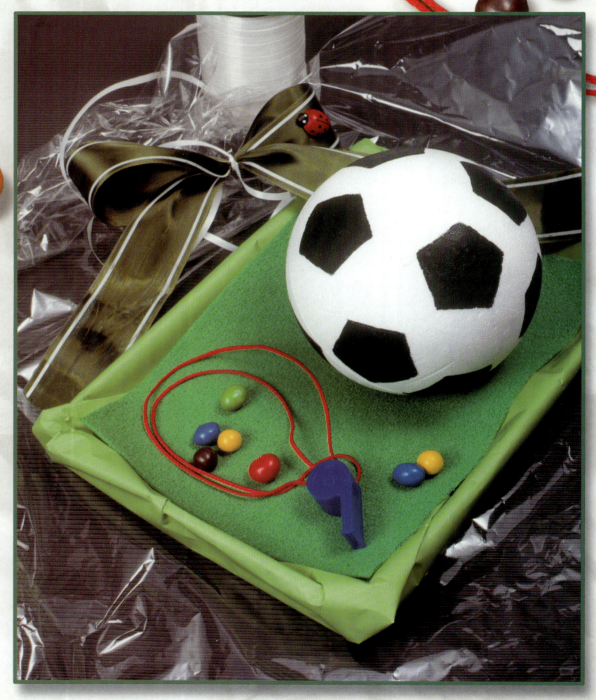

Wenn Sie auf die Unterlage noch einige Süßigkeiten und eine Trillerpfeife aus dem Spielzeugladen legen, wird der kleine Fußballer jede Menge Spannung und Spaß mit seinem Geschenk haben.
Die Klarsichtfolie um das Geschenk gebunden schützt den Ball vorm Wegrollen.
Natürlich können Sie die gleiche Geschenkidee z. B. auch mit einem Handball, einem Tennisball oder einem Basketball verwirklichen.

... eine Prämie zum Verballern 25

Eine wieder verschließbare Styroporkugel, die innen hohl ist, ein Geodreieck, ein Bleistift und ein Stück Papier sind Ausgangsmaterial.

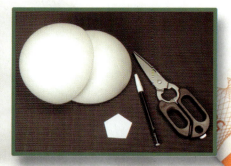

Zeichnen Sie ein Fünfeck auf das Papier und schneiden Sie es aus. Legen Sie es als Schablone auf die Kugel und zeichnen Sie viele Fünfecke wie bei einem Fußball auf.

Die aufgezeichneten Fünfecke können Sie nun mit schwarzer Plaka-Farbe ausmalen.

Weiterhin benötigen Sie als Unterlage den Deckel eines Schuhkartons, grünes Geschenkpapier und Klebstoff.

Umwickeln Sie den Deckel mit dem Papier und legen Sie den Boden mit veloursartigem Papier, das einem Rasen gleicht, aus.

Rollen Sie den Geldschein etwas zusammen und legen Sie ihn in den Fußball.

Schließen Sie den Fußball und platzieren Sie ihn in der Mitte des Deckels.

26 Zum Kindergeburtstag …

 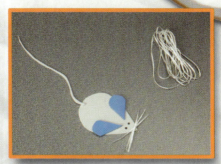 

Um eine Maus zu basteln, benötigen Sie neben einer Schere, Klebstoff und Bleistift Moosgummi in verschiedenen Farben und etwas schwarzen Tonkarton.

Schneiden Sie aus dem Moosgummi den Körper, die Ohren und das Schwänzchen der Maus. Zwei kleine Kreise aus Tonkarton ergeben die Augen und einige Streifchen aus weißem Bast sind die Haare.

Nun benötigen Sie ein Stück Wellpappe, verschiedenfarbiges Tonpapier, Streichholzschachteln und Buchstaben aus Moosgummi.

Kleben Sie die Buchstaben auf und legen Sie die Mäuschen daneben. Diese nicht festkleben, da sie noch als Buchzeichen verwendet werden können.
Um das Innenteil der Streichholzschachtel kleben Sie das Fotopapier, damit sie wie ein Buch aussieht.

Falten Sie einen Geldschein und legen Sie ihn in ein kleines geöffnetes kleines Buch. Zum Schluss benötigen Sie ein festes Stück Karton.

Kleben Sie die Wellpappe auf den Karton. Nun hat sie mehr Halt und kann problemlos transportiert werden.

... Lesemäuse 27

Ein willkommenes Geschenk für alle Kinder, die gerne lesen. Der oder die Kleine wird sich nicht nur über das Geld für neue Bücher sondern auch über die Mäuse freuen, die man auch als Lesezeichen verwenden kann.
Verpacken Sie das Geschenk mit Klarsichtfolie und mit einer passenden Schleife.

28 Zum Kindergeburtstag ...

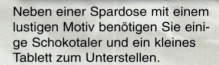

Neben einer Spardose mit einem lustigen Motiv benötigen Sie einige Schokotaler und ein kleines Tablett zum Unterstellen.

Stellen Sie die Dose auf das Tablett und streuen Sie die Taler auf die restliche Fläche. Stecken Sie einen Taler in den Schlitz der Spardose. Nun benötigen Sie doppelseitiges Klebeband und einen Geldschein.

Falten Sie den Schein zu einem Fächer und kleben Sie ihn in der Mitte mit etwas doppelseitigem Klebeband zusammen.

Kleben Sie den Schein hinter dem Taler fest.

... Asche zum Vernaschen 29

Sie benötigen ein Geschenk, haben aber nicht die geringste Ahnung, was das Geburtstagskind sich wünscht oder wofür es sich interessiert? Schokolade kommt bei den Kleinen immer gut an und mit dem Geld können sie sich einen kleinen Wunsch erfüllen.
Hüllen Sie das Tablett mit der Spardose in Klarsichtfolie ein und wählen Sie eine doppelte Schleife, die farblich zu der Dose passt.

30 Zum Schulanfang ...

Sie benötigen schwarzen Fotokarton, ein altes Stück Karton, ein Geodreieck, einen Bleistift und eine Schere.

Nachdem Sie auf dem Karton mit dem Geodreieck eine rechteckige Form aufgezeichnet haben, können Sie diesen ausschneiden und den Tonkarton der Größe des Kartons anpassen.

Weiterhin benötigen Sie einen Geldschein und etwas Klebeband, um ihn anschließend zu befestigen.
Weißes Klebeband kleben Sie am Rand der Tafel entlang.

Zeichnen Sie eine Passform auf den schwarzen Karton, die den Geldschein zum Vorschein bringt. Wichtig ist hierbei, dass der Betrag des Geldscheins zu sehen sein muss.
Nun brauchen Sie ein Schwämmchen, einen weißen Buntstift und ein Stückchen Kreide.

Beschriften Sie den Fotokarton mit Buchstaben oder Rechenaufgaben und kleben Sie die Kreide und das Schwämmchen mit etwas Klebeband auf.

 ... Tafel, Kreide, Knete

Mit einigen Smarties und kleinen bunten Buchstaben wird das Geschenk in Folie verpackt wohl jeden Schulanfänger begeistern.

32   Zum Schulanfang ...

 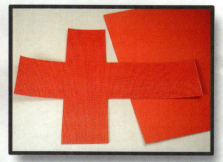 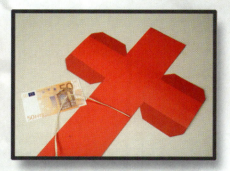

Ein Krokodilsmäppchen oder ein einfaches Stofftier, eine Schere, Geodreieck, Bleistift und rote Wellpappe sind Ausgangsmaterial.

Schneiden Sie die Wellpappe zu einem großen Kreuz, das aus 6 Quadraten besteht. Klebelaschen können Sie aus rotem Tonpapier basteln.

Kleben Sie die Klebelaschen an der Wellpappe fest. Sie benötigen nun einen Geldschein und ein Stück Bast mit dem Sie den gerollten Schein zusammenknoten können.

Kleben Sie die Wellpappe zu einer Schachtel zusammen und setzen Sie das Krokodil hinein. Befestigen Sie das Geldröllchen in seinem Maul. Schwarzer Tonkarton, ein weißer Buntstift und Stifte zum Verschenken werden nun noch benötigt.

Basteln und beschriften Sie ein kleines Schildchen und kleben Sie es auf die Box. Die Buntstifte können Sie je nach Wunsch arrangieren.

... ein fettes Krokodil 33

Ein nützliches Geschenk für jeden Schulanfänger. Neben dem Geld hat das Schulkind dann auch ein praktisches Mäppchen, das zudem noch zum Spielen geeignet ist.
Umwickeln Sie die Box mit transparenter Geschenkfolie und binden Sie sie mit weißem Ringelband zu.

34 Zur Kommunion ...

Um das Geldsäckchen zu nähen, benötigen Sie zunächst ein Stück Jute, eine Schere, Reihgarn und eine Nadel.

Falten Sie das Stück Jute in der Mitte und reihen Sie 1 cm vom Rand entfernt die Seiten entlang. Beachten Sie hierbei, dass eine Seite für die Öffnung des Säckchens nicht gereiht werden darf.

Nähen Sie nun die beiden Seiten des Säckchens mit Nadel und Nähgarn zu. Anschließend drehen Sie die momentane Außenseite nach innen und schlagen das Säckchen oben etwas um.

Nun brauchen Sie noch etwas Wellpappe, einige Schokotaler, Geldscheine, Klebstoff und ein festes Stück Karton zum Verstärken der Unterlage.

Füllen Sie die Taler in das Säckchen und verstreuen Sie einige davon auf der Wellpappe. Arrangieren Sie die Geldscheine und kleben Sie das Ganze auf dem Karton fest.

... einen Sack voller Taler 35

In Geschenkfolie eingehüllt und mit einer Juteschleife zugebunden kann das Geschenk zur Kommunion überreicht werden. Eine nette und nicht alltägliche Idee, die zwischen langweiligen Karten und Briefumschlägen dem Kind sofort ins Auge stechen wird!

36 Zur Konfirmation ...

Neben einem alten Roman benötigen Sie einen Cutter, einen Bleistift und ein Geodreieck. Ein altes Stück Karton wird zur Schablone.

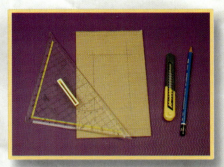

Zeichnen Sie mit dem Geodreieck eine Schablone, die Sie auf die Innenseiten des Romans legen können, um die Seiten auszuschneiden.

Mit dem Cutter können Sie die Schablone fertigstellen.

Legen Sie die Schablone auf und schneiden Sie ca. 1/3 der Seiten des Buches aus.

Einige Geldscheine und die gleiche Anzahl Gummiringe werden jetzt benötigt.

Rollen Sie nun die Scheine und fixieren Sie sie mit den Gummiringen. Legen Sie die Röllchen in das Fach und schließen Sie das Buch.

... geheimnisvolle Seiten 37

Ein nicht nur schönes, sondern auch praktisches Geschenk, das jeden Konfirmanden auch noch später an das große Fest erinnern wird.
Wenn Sie möchten, können Sie noch Ihre Glückwünsche auf das Buchcover schreiben.
Verpacken Sie das Buch mit weißem Strohseidenpapier und umwickeln Sie es mit farbigem Geschenkband.

38 Zur Volljährigkeit ...

Kaufen Sie 18 Rosen mit möglichst großen Blüten.

Mit einer Gartenschere entfernen Sie die unteren Dornen und schneiden das Ende der Stiele schräg an.

Nun benötigen Sie 18 Geldscheine und Blumendraht.

Falten Sie die Scheine zu schmalen Fächern und befestigen Sie sie in der Mitte mit dem Draht.

Arrangieren Sie die Rosen in einer Vase und trennen Sie gegebenenfalls einige Blätter von den Stielen ab, falls der Strauß zu voluminös ist.

Verteilen Sie die Geldscheine in dem Strauß.

... einen Strauß voll Blüten 39

Die schöne Alternative zu einem einfachen Blumenstrauß und einem Umschlag mit Geld zur Volljährigkeit.

40 Für den Führerschein ...

Benutzen Sie für den Untergrund ein Stück Pappe zum Verstärken, grauen Tonkarton, eine Schere, Klebstoff und einen weißen Lackstift.

Zeichnen Sie mit dem Stift eine Straße auf den Karton. Weiterhin werden ein farbenfroher Spielzeug-LKW und einige Kieselsteine benötigt.

Arrangieren Sie den LKW und die Steine auf der Fläche. Besorgen Sie sich nun einige Zweige von einem Strauch aus dem Garten.

Kleben Sie die Zweige mit etwas Klebstoff fest so dass sich ein Gebüsch ergibt.
Nun werden noch einige Geldscheine benötigt.

Rollen Sie die Scheine der Länge nach zusammen und kleben Sie sie mit etwas Klebeband fest.

Legen Sie die Geldröhrchen auf die Ladefläche des LKWs.

... einen Zasterlaster 41

Eine nette Geschenkidee für jeden, der gerade seinen LKW-Führerschein macht. Eine ähnliche Landschaft können Sie für jemanden gestalten, der gerade seinen Auto-Führerschein macht. Dazu können Sie die Geldscheine dann als kleine Barken an den Straßenrand kleben und ein Auto auf die Straße stellen.
Verpacken Sie die Straßen-Landschaft mit Klarsichtfolie und binden Sie diese mit einem Geschenkband fest, das farblich gut auf den LKW abgestimmt ist.

42 Für den Führerschein ...

Nehmen Sie eine stabile Unterlage wie z. B. einen alten Blumentopfuntersetzer und etwas Gips aus dem Baumarkt oder dem Bastelgeschäft, den Sie mit einer Spachtel in einem Mörtelbecher anrühren können.

Füllen Sie einen Berg Gipsmasse in den Blumentopfuntersetzer und besorgen Sie sich einen kleinen Stoffrest, den Sie mit doppelseitigem Klebeband auf den Gipsberg kleben. Kaufen Sie einige Schokotaler in der Süßwarenabteilung.

Kleben Sie die Taler mit dem Klebeband auf den Stoff, sodass ein kleiner Geldberg entsteht. Nun benötigen Sie noch ein kleines Spielzeugmotorrad.

Bauen Sie aus einem Stück Karton eine Unterlage für das Motorrad. Kleben Sie einen Geldschein darauf.

Befestigen Sie die Unterlage auf dem Geldberg und stellen Sie das Motorrad darauf.

... rasante Kohle 43

Eine gern gesehene Zulage für jeden, der gerade seinen Motorradführerschein macht, sich ein neues Motorrad zulegen oder einfach etwas an seinem Bike „rumbasteln" möchte. Verpacken Sie den Geldberg mit Klarsichtfolie und heften Sie eine passende Schleife daran.

44 Zum Abitur ...

Verwenden Sie eine weiße Karte mit Sichtfenster und dazugehörigem Umschlag sowie blauen Spiegelkarton und einen blauen Buntstift zum Beschriften der Karte.

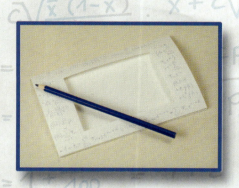

Schreiben Sie in ordentlicher Schrift so viele mathematische Formeln auf die Karte, bis sie voll ist.
Liegt das Lieblingsgebiet des Abiturienten eher auf dem sprachlichen Gebiet, so können Sie die Karte z. B. mit Vokabeln beschriften.

Kleben Sie das Spiegelpapier von innen in die Karte. Beachten Sie bei der Auswahl des Spiegelpapieres, dass es farblich gut zu dem Geldschein passt. So wäre z. B. bei einem 20,--DM Schein ein grünes Spiegelpapier empfehlenswert.

Kleben Sie den Geldschein zusammengefaltet am besten mit doppelseitigem Klebeband auf.
Den Umschlag können Sie nach Belieben beschriften.

... eine Abschlussprämie 45

Eine nette Idee, einem Abiturienten ohne viel Aufwand eine eindrucksvolle Karte zu überreichen.

46 Zur Verlobung ...

Zunächst benötigen Sie ein Holzkörbchen, ein altes Stück Zeitung und etwas Holzkohle.

Legen Sie das Körbchen mit Papier aus und füllen Sie es mit der Kohle auf. Nun brauchen Sie goldene Wellpappe, Schere, Bleistift und eine runde Vorlage wie z. B. den Deckel einer Konserve oder einen Zirkel.

Zeichnen Sie Kreise auf die Wellpappe, schneiden Sie sie aus und kleben Sie die Ringe mit etwas Klebeband fest. Nehmen Sie jetzt ein Holzstäbchen hinzu.

Befestigen Sie die Ringe an dem Stäbchen und stecken Sie dieses in den Kohleberg. Nehmen Sie die gewünschte Anzahl Geldscheine und einige rote Herzen als Farbkontrast zu der Kohle.

Rollen Sie die Scheine zusammen und stecken Sie sie in den Kohleberg. Platzieren Sie die Herzen an einer noch leeren Stelle.

... Kohle zum Verheizen 47

Wer freut sich nicht über einen Berg Kohle zur Verlobung? Eine ausgefallene Idee, die ins Auge stechen wird!
Stellen Sie das Körbchen vorsichtig auf ein Stück weißen Gardinenstoff und binden Sie diesen oben mit einer passenden Schleife zu.

48 Zur Hochzeit ...

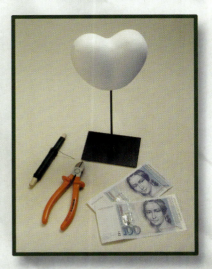

Schon für wenig Geld erhalten Sie ein Herz aus Gips auf einem Ständer.
Zudem benötigen Sie Blumendraht, einen Seitenschneider und 2 Geldscheine.

Mit dem Draht können Sie etwas weißen Vorhangstoff um das Herz und den Ständer hüllen.
Eine textile Efeuranke gibt einen guten Kontrast zu dem weißen Herz.

Wickeln Sie den Efeu um das Herz.

Falten Sie die Geldscheine und befestigen Sie sie etwas versteckt an dem Herz oder an dem Ständer.

... herzlich viel Kohle 49

Aus einem unscheinbarem Dekoherz können Sie mit einfachen Mitteln ein exklusives Geschenk machen.
Wenn Sie das Geschenk mit Klarsichtfolie umhüllen, können die Geldscheine auf keinen Fall herausfallen und das Herz wirkt noch wertvoller.

50 Zur Hochzeit ...

Ein edler Bilderahmen mit 4 Fenstern und jeweils ein Kinderfoto von Braut und Bräutigam sind die Basis für das Geschenk.

Weiterhin brauchen Sie 2 Geldscheine, die in zwei Fenster des Rahmens passen.

Falten Sie die Scheine so, dass nur der Kopf zu sehen ist.

In die beiden anderen Fenster legen Sie die Kinderbilder und schließen den Bilderrahmen.

| ... ein bildschönes Paar | 51 |

Eine außergewöhnliche Idee für das Hochzeitspaar, das sowohl die Braut als auch den Bräutigam gleichermaßen erfreuen wird, da beide in das Geschenk mit einbezogen sind. Weißes Seidenglanzpapier um den Rahmen gehüllt und mit einer weiß-silbernen Schleife umwickelt machen das Ganze zu einer prächtigen Erscheinung.

52   Zur Hochzeit ...

Nehmen Sie ein altes Tablett oder eine andere stabile Unterlage aus Holz oder Metall. Außerdem benötigen Sie Schere, Bleistift, doppelseitiges Klebeband und ein Stück Tonpappe, das genauso groß ist wie das Tablett.

Kleben Sie die Tonpappe auf die Unterseite des Tabletts und stellen Sie einen Modell-Cadillac darauf. Zum Dekorieren benötigen Sie etwas weißen Gardinenstoff oder Tüll, Efeu und Blumendraht.

Umwickeln Sie den Efeu mit dem Blumendraht und wickeln Sie diese Kette im Anschluss einmal um das Tablett. Nun brauchen Sie noch Speisefarbe und einen dünnen Pinsel.

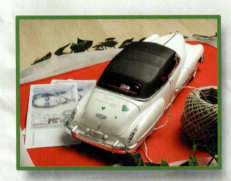

Schreiben Sie „just married" auf den Deckel des Kofferraums und legen Sie einige Geldscheine und Paketschnur bereit.

Rollen Sie die Geldscheine ganz klein zusammen und befestigen Sie sie an der Paketschnur. Diese wird anschließend am Kofferraum angebunden.

Zum Dekorieren verwenden Sie Reis, den Sie über die rote Fläche streuen.

... eine Starthilfe 53

Durch das kostbare „Anhängsel" wird der Cadillac nicht nur den Bräutigam erfreuen.
Das Geschenk wirkt noch aufwändiger wenn Sie es mit Klarsichtfolie umhüllen.

54 Für das Zuhause ...

Ein kleines Holzkörbchen benötigen Sie zum Transportieren des Eingemachten. Außerdem brauchen Sie etwas Holzwolle, die vor dem Zerbrechen schützt.

Füllen Sie das Körbchen mit der Holzwolle und legen Sie sich einige Scheine und ein leeres Gelee- oder Einmachglas zurecht.

Rollen Sie die Scheine und stecken Sie sie in das Glas.

Schließen Sie das Glas mit dem Geld und arrangieren Sie das Eingemachte in dem Körbchen.

Legen Sie das Glas mit den Scheinen ganz zum Schluss in das Körbchen, damit es sofort sichtbar ist.

... Eingemachtes 55

Eine gute Starthilfe für jeden, bei dem es jetzt ans Eingemachte geht. Ob für einen angehenden Studenten oder jemanden, der gerade die erste eigene Wohnung bezieht: Er wird das Eingemachte zu schätzen wissen.
Legen Sie einige Blätter in das Körbchen und binden Sie eine große Schleife an das Körbchen. Ordnen Sie die zusätzliche Dekoration so an, dass keine Lücken entstehen.

56 Für das Zuhause ...

Den Raum stellen Sie mit einem alten Schuhkarton dar.
Mit etwas Wasserfarbe und einem Pinsel können Sie ihn passend bemalen.

Die Raumfarbe sollte mit den restlichen Utensilien der Einrichtung harmonieren. Eine Seifenschale in Badewannenform z. B. können Sie mit Münzen füllen.

Stellen Sie die Badewanne in den Raum. Mit einer Schere, Klebstoff, Spiegelkarton und etwas Tonpapier können Sie einen Spiegel und einen kleinen Teppich basteln.

Mit etwas doppelseitigem Klebeband befestigen Sie Spiegel und Teppich an dem Karton. Nun benötigen Sie nur noch einen Geldschein.

Schneiden Sie aus dem Tonpapier einen Bilderrahmen in der Größe aus, dass er nur noch das Gesicht des gefalteten Geldscheines sichtbar werden lässt. Diesen können Sie dann über der Badewanne befestigen.

... im Geld baden 57

Ein hilfreiches Geschenk für jeden, der sich gerade ein Bad einrichtet. Natürlich können Sie diese Idee auch auf andere Räume wie Wohnzimmer, Schlafzimmer oder Küche übertragen. Dazu wählen Sie einfach die geeigneten Miniaturmöbel (erhältlich im Spielwarengeschäft) und befestigen das Geld in einem kleinen Papierrahmen.
Wenn das Geschenk fertig ist, verpacken Sie es vorsichtig mit Geschenkpapier und kleben eine passende Schleife aus Geschenk- und Ringelband darauf.

58   Für das Zuhause ...

Sie benötigen für die Bodenplatte und die Stellwände ein Stück feste Graupappe, weiße Pappe, einen Cutter, Lineal, Bleistift und ein Stöckchen, das als Gardinenstange dient.

Messen Sie auf der Rückseite der weißen Pappe die Mitte aus, legen Sie das Lineal an und ritzen Sie die Pappe mit dem Cutter vorsichtig ein.

Knicken Sie die eingeritzte Pappe und stellen Sie sie auf die Bodenplatte. Schneiden Sie mit dem Cutter zwei schräge Schlitze in die Gardinenstange.

Legen Sie die Gardinenstange auf die aufgestellte Pappe: Die Schlitze stabilisieren die Stellwände. Zur Dekoration brauchen Sie zwei Stoffstreifen, etwas Ringelband und ein Stück Strohseidenpapier.

Schneiden Sie mit dem Cutter zwei Fenster aus der Rückwand. Gegebenenfalls können Sie mit der Schere nachhelfen.

Befestigen Sie das Strohseidenpapier auf der Bodenplatte. Hängen Sie die beiden Stoffstreifen auf die Gardinenstange. Zusätzlich können Sie in der Mitte noch ein Stück Gardinenstoff aufhängen. Jetzt brauchen Sie noch zwei Geldscheine.

Falten Sie die Geldscheine im Zick-Zack und binden Sie sie in der Mitte mit dem Ringelband zusammen.

Binden Sie die gefalteten und auseinander gezogenen Geldscheine fest. Zusätzlich können Sie einen kleinen Gegenstand auf den Boden stellen.

...neuer Fensterschmuck 59

Das optimale Geschenk, wenn Sie einen Zuschuss zu den neuen Gardinen beisteuern möchten. Kleben Sie auf die Bodenplatte eine Schleife, die farblich auf die Stoffstreifen und das Strohseidenpapier abgestimmt ist.

60 Für das Zuhause …

Um den Faltvorgang für den Zeitungshut zu starten, entnehmen Sie eine Seite aus einer alten Tageszeitung.

Falten Sie die Seite einmal in der Mitte.

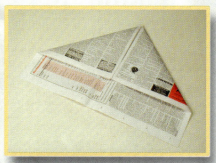

Knicken Sie von der geschlossenen Seite die beiden oberen Ecken in der Mitte zusammen.

Falten Sie nun den unteren Rand nach oben bis zum Dreieck. Die Dreiecke, die am Rand überstehen, knicken Sie jeweils nach hinten.

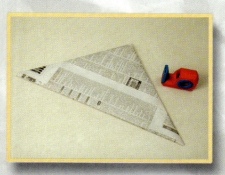

Befestigen Sie die umgeknickten kleinen Dreiecke mit einigen Klebestreifen.

Schneiden Sie 2 in den Hut passende Dreiecke aus Pappe aus und knicken Sie sie in der Mitte. Kleben Sie die beiden Dreiecke in den Hut, damit er einen besseren Halt bekommt.

Ein paar Kleckse und Fingerabdrücke können Sie mit Pinsel und Wasserfarbe auftragen.

Nun benötigen Sie einige Utensilien, die auf eine Renovierung deuten, so z. B. ein Stückchen gerollte Tapete oder einen Bleistift.

Kleben Sie die Tapete und den Bleistift an den Hut. Den Geldschein können Sie einfach dazwischen klemmen oder auch mit etwas doppelseitigem Klebeband befestigen.

... Scheine zum Verkleistern 61

Eine witzige Art, den Hut zu überreichen, ist es, ihn dem Beschenkten über den Kopf zu stülpen.

62 Essen gehen ...

Mit einem Pinsel und Plaka-Farbe können Sie ein altes Glas mit einem chinesischen Zeichen bemalen.

Nachdem die Farbe getrocknet ist, stecken Sie einen Geldschein in das Glas.

Seesterne, Chinesische Stäbchen, eine Kerze, eine Serviette mit chinesischem Motiv oder auch andere passende Gegenstände, die man jetzt in vielen Geschäften finden kann, verschaffen dem Geschenk ein chinesisches Flair.

Arrangieren Sie die Gegenstände auf schwarzer Wellpappe, die durch ein Stück festen Karton verstärkt werden sollte.

Mit Klarsichtfolie und einer schwarz-goldenen Schleife verpackt wirkt das Geschenk sehr edel. Der Liebhaber des Fernöstlichen wird sich über ein leckeres Essen beim Chinesen sicher freuen.

... beim Chinesen 63

64 Essen gehen mit ...

Zunächst benötigen Sie eine grüne, eine weiße und eine rote Serviette. Zum Bearbeiten brauchen Sie eine Schere und etwas grünes Geschenkband.

Legen Sie die Servietten wie eine Fahne mit den italienischen Landesfarben aneinander und binden Sie sie in der Mitte mit dem Geschenkband zusammen.

Legen Sie die große Schleife auf eine rote Unterlage (z. B. ein Tablett) und verstreuen Sie einige italienische Nudeln darüber. Wählen Sie 2 Geldscheine aus.

Falten Sie die Geldscheine im Zick-Zack und stecken Sie sie zu der Schleife unter das Geschenkband.
Jetzt benötigen Sie noch einige frische Blätter Oregano.

Dekorieren Sie das Geschenk mit dem Oregano. Das Arrangement sollten Sie gleich anschließend verschenken, da die Kräuter sonst verwelken.

... Pasta Zasta 65

In durchsichtiger Geschenkfolie verpackt wird dieses Präsent jeden Freund von Pasta, Pizza und Polenta erfreuen.

66 Essen gehen...

Legen Sie ein Stück gelbe Tonpappe, ein Geodreieck und einen Bleistift bereit.

Zeichnen Sie den Grundriss einer Box auf, die Sie normalerweise beim Kauf eines Burgers erhalten. Schneiden Sie ihn aus.

Zeichnen Sie auch die Faltlinien an und schneiden Sie die Pappe an den entsprechenden Stellen ein.

Kleben Sie die Box zusammen.

Stellen Sie die Box auf ein farbenfrohes Tablett und legen Sie beliebig viele Geldscheine hinein.

Nehmen Sie zwei weiße Papierservietten. Klappen Sie sie auf und bügeln Sie sie glatt. Dann falten Sie sie zweimal im Zick-Zack und knicken sie einmal in der Mitte zusammen.

Legen Sie die Servietten und einige Strohhalme auf das Tablett. Zusätzlich können Sie noch einen Plastikbecher dazustellen.

Schreiben Sie mit einem Permanent-Marker einen Spruch auf die Serviette.

... Fast for free

Fastfood wird besonders bei den Jüngeren immer beliebter.
Umhüllen Sie das Tablett mit Klarsichtfolie und befestigen Sie eine große, passende Schleife daran.

68 Zum Reisen ...

Eine gute Basis für jemanden, der für eine Reise in die Karibik spart oder sie bereits gebucht hat und sein Urlaubstaschengeld noch etwas aufbessern möchte.
Kleben Sie eine farbenprächtige Schleife aus breitem Geschenk- und Ringelband auf die obere Ecke des Kartons.

... Koffergeld 69

Für die Kulisse benötigen Sie einen alten Schuhkarton, hellblaues Tonpapier, dunkelblauen Stoff, eine Schere, Klebstoff und Watte.

Legen Sie den Karton mit dem blauen Papier aus und kleben Sie es fest.
Kleben Sie den Stoff wellig auf und befestigen Sie die Watte in der oberen Hälfte des Kartons.

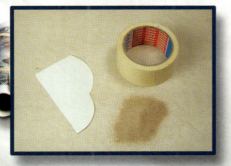

Bauen Sie eine kleine Insel aus einem Stück Graupappe, Teppichklebeband und etwas Sand. Kleben Sie dazu das Teppichband auf die Pappe und streuen Sie Sand darüber.

Stecken Sie ein Eisschirmchen in die Mitte der Insel und legen Sie sich etwas helles Bastelmoos, kleine Muscheln und ein Stück orangefarbenes Tonpapier zurecht.

Bauen Sie ein Floß aus 6 Scheinen, einem Holzstäbchen und hellem Bast.
Rollen Sie dazu zunächst 5 Scheine und knoten Sie sie mit dem Bast zusammen.

Verketten Sie die Röllchen mithilfe des Bastes und kleben Sie aus dem letzten Geldschein und dem Stäbchen eine Holzflagge zusammen. Verwenden Sie dazu kleine Klebestreifen.

Schneiden Sie einen Halbkreis aus dem orangefarbenen Tonpapier aus und kleben Sie ihn an die Rückwand.
Stellen Sie die Insel und das Floß auf den Stoff.

70   Reisen ...

Benutzen Sie ein altes, gerahmtes Bild.

Öffnen Sie den Rahmen und nehmen Sie das Bild heraus.

Weiterhin benötigen Sie ein beliebiges Stück Tonpapier, 2 Scheine als Blätter und 20 Scheine für die Blüte.

19 Scheine ergeben die Blütenblätter und in die Mitte kommt der 20. Schein, wobei hier nur noch der Betrag zu sehen ist.

Legen Sie etwas Tonpapier als Stiel an und die beiden übrigen Scheine als Blätter dazu.

Legen Sie die Glasplatte und den Rahmen auf das Bild.

Um den Rahmen zu schließen, dürfen Sie das Bild nur wenden wenn Sie das Bild ganz fest mit der Handfläche gegen die Scheibe drücken, da die Scheine sonst verrutschen.

... in die neue Welt 71

Über eine solche Blüte wird sich jeder zukünftige Austauschschüler freuen, der bald seine Reise in die USA antritt.
Wählen Sie eine zu dem Papier und dem Rahmen farblich passende Schleife und binden Sie sie um den Rahmen.

72 Zum Reisen ...

Beginnen Sie mit dem Deckel eines Schuhkartons, weißer Wellpappe, Klebstoff, Schere, Geldscheinen, Sand, Kieselsteinen und Moos aus dem Garten.

Falten Sie alle Geldscheine bis auf einen im Zick-Zack.

Knicken Sie dann die gefalteten Scheine in der Mitte.

Füllen Sie den Sand als Weg in den Deckel und legen Sie die restliche Fläche des Deckels mit Moos aus. Drücken Sie die Kieselsteine in den Weg.

Basteln Sie aus der Wellpappe zwei Säulen: Rollen Sie dazu ein Stück Pappe zusammen und kleben Sie ein weiteres kleines Stück, das an den Seiten gerollt ist, auf das längere Röllchen. Aus Tonpapier und einem Holzstäbchen können Sie ein Fähnchen basteln, das Sie mit einem passenden Spruch beschriften.

Stellen Sie die kleinen Geldfächer an den Wegrand. Rollen Sie den letzten Schein und legen Sie ihn als Torbogen auf die beiden Säulen. Stecken Sie das Fähnchen in das Moos.

... etwas Schotter 73

Ihre Tochter wird in wenigen Tagen eine Reise nach Rom antreten und Sie wollen ihre Urlaubskasse etwas aufbessern? Dann treffen Sie mit dieser „Verpackung" ins Schwarze.
Der Deckel eignet sich gut zum transportieren. Wenn Sie möchten, können Sie noch einige Münzen oder kleine Schleifchen auf den Rand des Deckels kleben.

74 Zum Reisen ...

Sie brauchen ein Fotoalbum, beliebig viele Geldscheine und wieder löslichen Fotokleber.

Kleben Sie die Scheine auf die ersten Innenseiten des Albums. Verwenden Sie nicht zu viel Klebstoff, damit die Scheine sich wieder leicht lösen lassen.

Zum Verpacken benötigen Sie blaues Papier und das dazu passende Geschenkband. Weiterhin benötigen Sie etwas Watte, Nähgarn und eine Nähnadel.

... ein paar Flocken 75

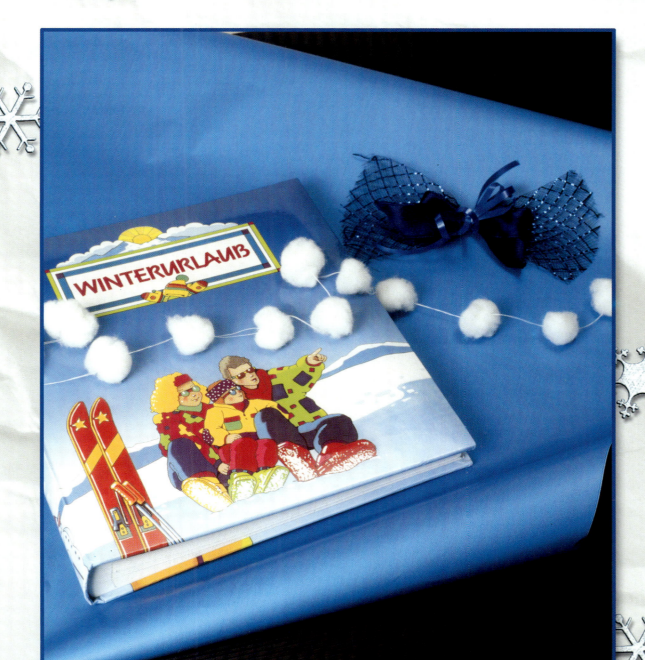

Ein praktisches Geschenk für jeden, der bald in den Winterurlaub fährt. So stimmt nicht nur die Kasse in der Schweiz, sondern auch Urlaubserinnerungen können dann im Nachhinein in diesem Fotoalbum festgehalten werden.
Zusätzlich zur Verpackung mit Papier können Sie aus Watte kleine Wattebällchen formen und diese mit einer Nähnadel und Nähgarn zu einer langen Schnee-Schlange auffädeln. Sie kann dann auf dem Geschenk neben einer Schleife befestigt werden.

76 Für die Reise ...

Für den Meeresuntergrund benutzen Sie ein Stück feste Graupappe, eine Schere, Klebstoff und blaues Geschenkpapier.

Schneiden Sie ein Stück Geschenkpapier, das größer als die Pappe ist, ab. Kleben Sie dieses gewellt auf, knicken Sie das überstehende Papier um und kleben Sie es auf der Rückseite fest. Wählen Sie 3-5 Geldscheine.

Legen Sie einen Geldschein wie gezeigt vor sich und falten Sie ihn einmal in der Mitte zusammen.

Legen Sie die geschlossene Seite nach oben und knicken Sie die obere rechte Ecke nach innen, sodass unten ca. 1,5 cm Rand bleiben.

Wiederholen Sie den gleichen Vorgang mit der gegenüberliegenden Seite, damit ein rechter Winkel entsteht.

Falten Sie von den beiden offenen Seiten eine nach links und eine nach rechts, sodass ein Hut entsteht.

Drücken Sie den Hut an der linken und rechten Seite zusammen, sodass ein Quadrat entsteht.

Knicken Sie die offenen Ecken auf die gegenüberliegende Spitze. Wiederholen Sie den gleichen Vorgang auf der Rückseite. Es entsteht ein Dreieck. Drücken Sie das Dreieck an der linken und rechten Seite zusammen, wobei erneut ein Quadrat entsteht.

Ziehen Sie die linke und rechte offene Seite auseinander und schon wird der Schiffsmast sichtbar.

... etwas Flüssiges   77

Eine gute Basis für Ihren Sohn, der in den Sommerferien mit der Fähre nach England übersetzen möchte. Oder auch willkommen bei Ihrem Patenkind, wenn es einen Segeltörn machen möchte.

Geben Sie dem Boot die richtige Gestalt.

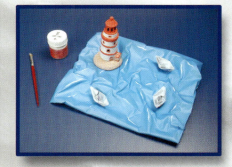

Falten Sie alle Scheine zu Booten, malen Sie mit weißer Farbe Wellen auf das blaue Papier und stellen Sie einen kleinen Leuchtturm auf die Bodenplatte.

78 Für das Styling ...

Sie benötigen blaues und grünes Tonpapier, Graupappe zum Verstärken, eine Schere, Bleistift und Paketschnur.

Kleben Sie das blaue Papier auf die Graupappe und schneiden Sie aus dem grünen Papier eine Wiese. Spannen Sie die Paketschnur als Wäscheleine über das Bild. Weiterhin brauchen Sie einige Stücke verschiedenfarbiges Tonpapier für die Kleider.

Nehmen Sie einen beliebigen Geldschein. Je größer er ist, desto leichter wird Ihnen das Falten fallen.

Falten Sie den oberen weißen Rand zur Mitte und anschließend die beiden Längskanten zur Mitte hin.

Knicken Sie oben die Innenseiten wieder nach außen, dass ein gleichschenkeliges Dreieck entsteht.

Drehen Sie den Schein und falten Sie unten ca. 1 cm nach innen.

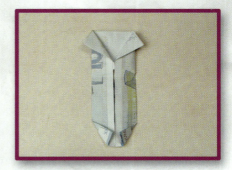

Wenden Sie den Schein wieder und falten Sie nun die Außenkanten von unten nach innen, sodass sich erneut ein gleichschenkeliges Dreieck ergibt.

Falten Sie die untere Seite nach oben und drehen Sie den Schein wieder. Der kleine Kragen soll über das Hemdchen gehen.

Schneiden Sie weitere Kleidungsstücke aus dem Tonpapier aus und legen Sie sie nebeneinander. Besorgen Sie sich einige Mini-Wäscheklammern aus der Spielwarenabteilung.

... Scheine an der Leine   79

Mit diesen Geldhemdchen kann sich der oder die Beschenkte selbst etwas zum anziehen kaufen, das ihm oder ihr passt und auch garantiert gefällt. Hüllen Sie die kleine Landschaft in Klarsichtfolie ein und binden Sie eine Schleife, die farblich gut mit den Kleidungsstücken auf der Leine harmoniert.

Befestigen Sie die Kleidungsstücke mit den kleinen Wäscheklammern an der Leine.

80   Für das Styling...

Als Unterlage benutzen Sie farbige Wellpappe, einen Karton zum Verstärken und verschiedene Haarbänder, -spangen und -klammern.

Schneiden Sie den Karton passgerecht zu und kleben Sie die Wellpappe darauf.

Klemmen Sie die Geldscheine gerollt oder gefaltet in die Haarspangen und -klammern ein.

Verteilen Sie die Geldscheine gleichmäßig auf der Pappe.

Arrangieren Sie die weiteren Gegenstände auf der Pappe.

... haarig viel Kohle 81

Ein sehr nützliches Geschenk, das für Frauen mit langen Haaren geeignet ist. Je nach Bedarf können Sie auch die Haarspangen gegen Lockenwickler austauschen, womit das Geschenk auch bei kurzhaarigen Frauen ankommt.
Umwickeln Sie das Präsent mit Klarsichtfolie, damit es noch edler wirkt.

82   Für das Styling ...

Sie benötigen ganz einfach nur ein Lidschatten-Set, 3 Geldscheine und einen Schmetterling oder ein anderes hübsches Dekorationsstück.

Falten Sie die Scheine zu einem Drittel der ursprünglichen Länge.

Falten Sie die Scheine nun noch einmal in der Mitte, damit sie genau in das Set passen.

Legen Sie die Scheine in das Set und kleben Sie sie gegebenenfalls mit etwas doppelseitigem Klebeband fest.

... Schmiergeld 83

Eine Frau, die Wert auf gutes Styling legt, wird vielleicht dieses Geldgeschenk dazu verwenden um ihren Schminkkoffer neu auszustatten.
Verpacken Sie das Kosmetikset mit einer Geschenkfolie, anstelle einer Schleife können Sie einen Schmetterling aufkleben, der so besonders gut zur Geltung kommt.

84 Für das Styling ...

Neben den erhaltenen Pflegeprodukten wird sich der/die Beschenkte über das Geld freuen, das er/sie in Pflege und Schönheit investieren kann.
Verpacken Sie das Körbchen mit Klarsichtfolie und befestigen Sie eine Schleife, die farblich auf die Servietten abgestimmt ist.

... Waschgeld 85

Verwenden Sie ein Körbchen ihrer Wahl und 2 Servietten.

Breiten Sie die Servietten in dem Körbchen aus.

Kaufen Sie einfache Pflegeprodukte.

Legen Sie die Produkte in das Körbchen. Sie können auch noch einen zu den Servietten passenden Waschlappen hinzufügen sowie 4 gleiche Geldscheine.

Legen Sie den Waschlappen noch in das Körbchen. Knicken Sie den ersten Schein nach dem Geldbetrag um. Der 2. und der 3. Geldschein werden so geknickt, dass jeweils nur noch die Null zu sehen ist. Vom letzten Geldschein knicken Sie den Teil bis zur Null weg.

Reihen Sie die Scheine so aneinander, dass aus einem 20-DM-Schein optisch ein 20.000-DM-Schein wird. Falls die Scheine nicht richtig halten, können Sie sie auch mit einigen Klebestreifen befestigen.

86 Für die Musik ...

Musicals sind nicht nur sehr beliebt, sondern leider auch teuer. Deshalb wird sich jeder, der Sinn für Musik, Tanz und Unterhaltung hat, über ein solches Geschenk freuen. Überreichen Sie das mit Klarsichtfolie umhüllte Bild oder auch ohne eine Verpackung.

... ein gehöriger Zuschuss   87

Für die Maske verwenden Sie eine 3 m lange Rolle Modelliergewebe, ein kleines Gefäß mit Wasser, eine Schere und Nivea-Creme.

Tragen Sie die Creme gleichmäßig und nicht zu sparsam auf das Gesicht auf. Besonders wichtig sind hierbei Augenbrauen und Haaransatz.

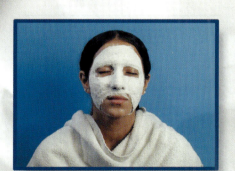

Schneiden Sie das Gewebe in viele kleine Streifen. Tauchen Sie jedes Gewebeteil ca. zwei Sek. in Wasser und legen Sie es auf das Gesicht auf. Achtung: Die Nasenlöcher und der Mund dürfen nicht verdeckt werden. 2-3 Lagen übereinander verleihen der Maske ihre Stabilität.

Nach einigen Minuten können Sie die Maske vorsichtig abziehen und zum Trocknen zur Seite legen.

Schließen Sie nun noch die Nasenlöcher mit einigen Gewebestreifen. Jetzt brauchen Sie ein großes Stück Pappe, schwarzen Samtstoff, doppelseitiges Klebeband und feines Schmirgelpapier.

Schmirgeln Sie die Maske, wenn sie völlig getrocknet ist, glatt. Kleben Sie den Samtstoff gewellt auf die Pappe und legen Sie sich weiße Farbe, einen Pinsel, eine rote Rose und evtl. eine CD bereit.

Streichen Sie die Maske weiß an und kleben Sie sie, die Rose und die CD auf den Untergrund. Wählen Sie einen beliebigen Geldschein.

Heften Sie den Schein auf dem Untergrund fest.

88 Für die Musik ...

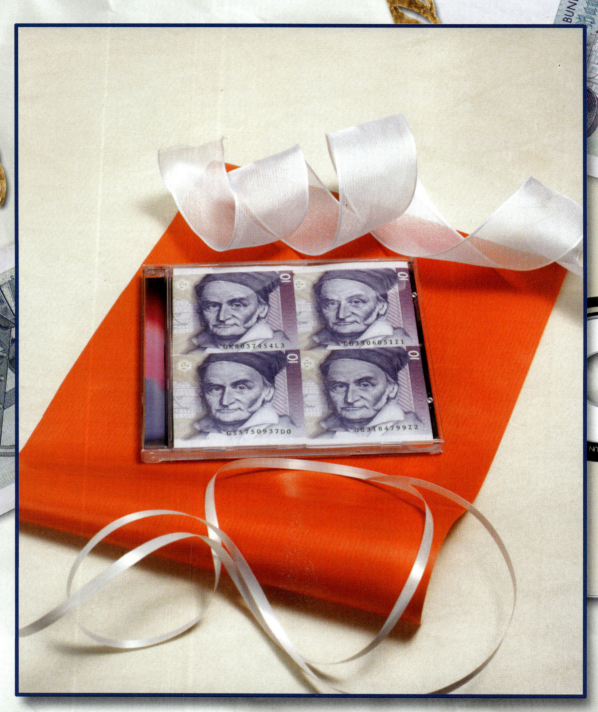

Eine alte CD mit diesem wertvollen Cover wird jeden Musikfan erfreuen.
Besonders schön sieht eine einfarbige Verpackung mit einer großen Schleife aus.

... eine markige CD   89

Eine alte CD (oder ein CD-Rohling), 4 gleiche Geldscheine und etwas doppelseitiges Klebeband ist alles, was Sie brauchen.

Entnehmen Sie das Cover aus der Hülle und knicken Sie die 4 Geldscheine auf die gleiche Größe. Die Scheine müssen alle auf das Cover der CD passen.

Kleben Sie die Scheine mit doppelseitigem Klebeband auf dem Cover fest.

Schieben Sie das fertige neue Cover in die Hülle.

90 Zum Lesen …

Ein großes Stück Tonpappe, einige Seiten aus einer alten Zeitung und eine Schere sind die Ausgangsmaterialien.

Schneiden Sie verschiedene Buchstaben aus den Zeitungen, die den gewünschten Text ergeben.

Kleben Sie die Buchstaben mit Klebstoff fest.

Kaufen Sie eine Ausgabe der Zeitung, die abonniert werden soll, und besorgen Sie dazu passendes Geschenkband.

Falten oder rollen Sie die Zeitung zusammen und binden Sie eine große Schleife darum.

Legen Sie den gewünschten Geldschein zu der Zeitung und kleben Sie beides mit etwas doppelseitigem Klebeband fest.

Die Pappe kann zusätzlich noch mit Karton verstärkt werden. Diesen befestigen Sie am besten mit doppelseitigem Klebeband.

... Zeitungsgeld 91

Für dein Zeitungsabo

Eine gute Alternative für diejenigen, die kein komplettes Zeitungsabonnement verschenken möchten. Ohne Verpackung kommt das Geschenk am besten zur Geltung.

92 Tierisch ...

Sie benötigen etwas Stroh, ein Hufeisen, einige Zuckerwürfel und eine Rolle Paketschnur.

Aus Klarsichtfolie und etwas Ringelband basteln Sie einen kleinen Beutel für den Zucker. Legen Sie dazu den Zucker auf ein Stückchen Folie und verschließen Sie diese mit dem Band oben. Trennen Sie das Ringelband, sodass viele kleine Kringel entstehen.

Modellieren sie mithilfe der Paketschnur einen Strohballen und wählen Sie beliebig viele Scheine aus.

Rollen Sie die Scheine der Länge nach und kleben Sie sie mit Klebeband zusammen. Stecken Sie die Geldröhrchen in den Strohballen.

Zum Schluss legen Sie das Hufeisen auf den Ballen und binden es gegebenenfalls mit Paketschnur an dem Ballen fest.

... viel Heu 93

Dieser Strohballen wird das Herz eines jeden Pferdefreundes höher schlagen lassen. Verpacken Sie den Ballen mit Jute und binden Sie den Stoff mit einer Kordel fest.

94 Tierische ...

Ob für eine neue Leine, eine Hundehütte oder einfach nur für das tägliche Futter: Darüber wird sich jeder Hundebesitzer freuen.
Um das edle Geschenk abzurunden, verwenden Sie als Verpackung goldene Geschenkfolie und binden Sie eine Schleife aus goldenem Band, die sie daran befestigen.

... Knochenkohle 95

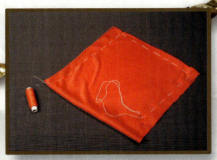

Legen Sie sich ein rotes Stück Samt, eine Schere und etwas Reihgarn mit der passenden Nadel bereit.

Legen Sie den Stoff doppelt übereinander und schneiden Sie ein Stück zu, das etwas größer ist als das Kissen, wie es am Ende sein soll. Reihen Sie ca. 1 cm am Rand entlang. Lassen Sie zum Schluss ca. 10 cm offen.

Nähen Sie den Stoff mit Nähgarn zusammen und nehmen Sie Watte zum Füllen.

Füllen Sie den Kissenüberzug mit der Watte und nähen Sie die kleine Öffnung zu.
Jetzt benötigen Sie noch einen Hundeknochen, einen Geldschein und 1-2 m goldene Kordel.

Umwickeln Sie das Kissen mit der goldenen Kordel.
Legen Sie nun den Geldschein und den Hundeknochen darauf.

96　Tierische ...

Neben den Hilfsmitteln Schere und doppelseitigem Klebeband benötigen Sie eine Dose Katzenfutter und eine Karte oder ein Bild mit einem netten Katzenmotiv evtl. aus einem Kalender oder aus einer Illustrierten.

Entfernen Sie das Etikett von der Dose und schneiden Sie das Katzenmotiv passgerecht zur Dose aus.

Kleben Sie das Motiv mit doppelseitigem Klebeband auf und besorgen Sie sich ein Holzstäbchen, etwas farbiges Papier und einen Filzstift. Ein einfaches, kleines Tablett ist eine stabile und zugleich preiswerte Unterlage.

Basteln Sie ein Fähnchen, beschriften es mit dem netten Spruch und befestigen Sie es mit dem Klebeband an der Dose. Ein paar Katzenzungen sind eine schmackhafte Dekoration für das „Frauchen" oder das „Herrchen". Der Geldschein kann ganz einfach unter die Dose geklemmt werden.

... Katzenmäuse 97

Wohl jeder, der eine Katze als Haustier besitzt, freut sich bestimmt über ein paar „Mäuse" für seinen Liebling.
Packen Sie das Geschenk in Klarsichtfolie und binden Sie diese mit einer passenden Schleife zu.

98   Tierisch ...

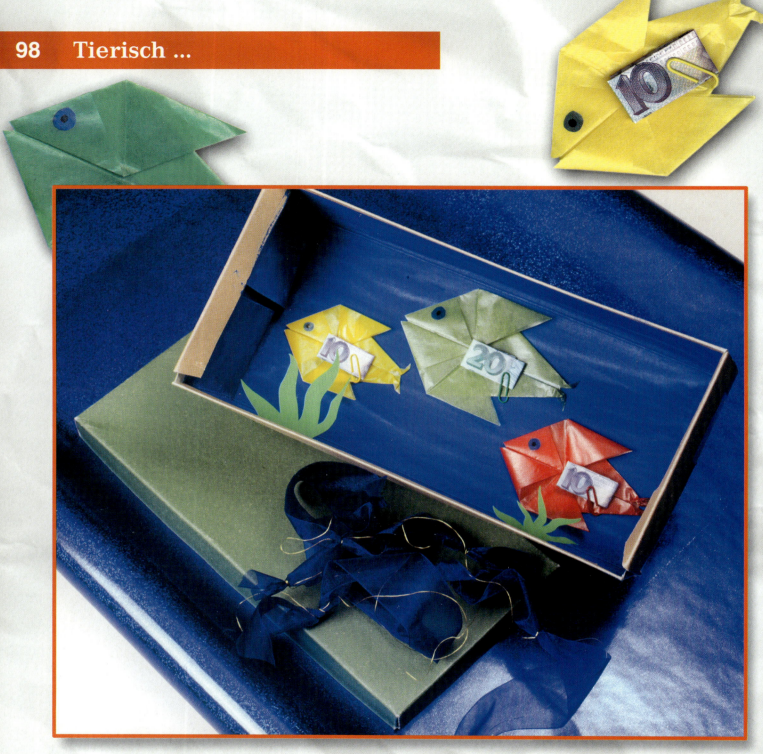

Eine nette Idee für Fälle, in denen es um Fische geht, z. B. Geld fürs Aquarium, für einen Tauchkurs oder für eine Reise auf die Malediven.
Das Aquarium ist schnell verpackt: Einfach nur den Deckel des Kartons schließen und die Schleife darauf binden.

... viele Goldfische 99

Mit etwas blauer Wasserfarbe und einem Schuhkarton gestalten Sie das Aquariumbecken.

Malen Sie die Innenseiten des Aquariums blau an. Für die Fische benötigen Sie Transparentpapier und eine Schere.

Legen Sie ein quadratisches Stück Papier mit einer Spitze vor sich. Falten Sie die linke und rechte Ecke zur Mitte hin, drehen Sie das Ganze und falten Sie die untere Ecke nach oben.

Drehen Sie das Ganze wieder und falten Sie die rechte und linke Spitze zur Mittellinie.

Öffnen Sie das eben Gefaltete wieder und schieben Sie die beiden Dreiecke in die Faltform ein. Knicken Sie nun die beiden Dreiecke nach hinten.

Schneiden Sie eine kleine Öffnung als Mund in den Fisch und am Ende des Fisches entsteht durch Einschneiden und Umknicken eine kleine Schwanzflosse. Kleben Sie ein Auge auf und holen Sie die Geldscheine und Büroklammern hinzu.

Kleben Sie die Fische mit doppelseitigem Klebeband fest und und basteln Sie noch kleine Seegewächse aus grünem Tonpapier.

Formen Sie eine wellenartige Schleife aus blauem Tüllstoff und etwas Draht.

100   Tierisch ...

Etwas blauen Dekosand, eine Glasschale und einige Glasfische – mehr brauchen Sie nicht.

Füllen Sie den Sand in die Schale und setzen Sie die Fische darauf. Die Fische sollten im Sand leicht einsinken, damit sie nicht umfallen.

Stecken Sie die Münzen ebenfalls in den Sand.

... viel Kies 101

Ihr bester Freund hat ein Aquarium und schwärmt oftmals von seinen stillen Freunden? Oder Ihr Kind wünscht sich einige Fische und Sie wissen nicht, welche? Mit etwas Klarsichtfolie verpackt kommt dieses für solche Fälle gut geeignete Geschenk am besten zur Geltung und der Fischfreund kann sein Aquarium beliebig ausstatten.

102 Zu Ostern ...

Zuerst benötigen Sie ein kleines Körbchen und etwas Moos sowie einige Blätter und Blüten aus dem Garten.

Legen Sie das Körbchen mit diesen „Zutaten" aus.

Nun brauchen Sie noch einige rohe Eier, die gleiche Anzahl Geldscheine und breites Geschenkband.

Schlagen Sie die Eier in der Mitte auf und waschen Sie sie vorsichtig aus.

Falten Sie die Scheine so, dass sie in die Eier passen.

Legen Sie die Scheine in die Eier und kleben Sie diese mit etwas Klebstoff oder Klebeband wieder zusammen.

Nun binden Sie Geschenkband um jedes Ei.

Legen Sie die „Geldeier" und evtl. noch andere Osterdekorationen wie kleine Küken oder bemalte Eier dazu.

... ein paar Eier 103

Ein tolles Ostergeschenk für alle, die nicht so viel Wert auf Süßigkeiten legen. Binden Sie eine große Schleife an den Rand des Osterkörbchens und überreichen Sie es oder verstecken Sie es im Garten.

104 Zu Weihnachten ...

Ein pompöses Gesteck, das auch noch toll aussieht, wenn man das Geld nach dem Weihnachtsfest entnommen hat.
Überreichen Sie das Gesteck wie einen Blumenstrauß in Seidenpapier gewickelt oder mit einem passenden Stück Stoff umhüllt, da die Nadeln eine stachelige Angelegenheit sind.

... ein Scheingesteck   105

Kaufen Sie einen großen Tannenzweig beim Gärtner.

Dazu benötigen Sie den passenden Weihnachtsschmuck.

Wählen Sie beliebig viele Geldscheine aus und falten Sie sie im Zick-Zack.
Falten Sie sie dann in der Mitte und drehen Sie ein Stück Draht darum.

Stecken Sie die Geldscheine in den Zweig und wickeln Sie den Draht um die Ästchen, damit die Scheine gut halten.

Stecken Sie nun noch die restliche Weihnachtsdeko in den Zweig.

106   Zu Weihnachten ...

Oft gewünscht, doch selten von einer Person allein erfüllt: ein paar neue Skier oder ein Snowboard zum Weihnachtsfest. Mit dieser kleinen Miniaturlandschaft können Sie den Wintersportler zumindest einen Schritt der Erfüllung seines Wunsches näher bringen. Umwickeln Sie die Schale mit silbernem Geschenkpapier und kleben Sie dieses mit etwas doppelseitigem Klebeband fest.

... Schlitterkohle 107

Legen Sie sich einen alten Blumentopfuntersetzer, einen Mörtelbecher, eine Spachtel und Gips zurecht.

Rühren Sie den Gips an und füllen Sie ihn in den Untersetzer.

Gestalten Sie eine hügelige Skipiste.
Kaufen Sie Gegenstände für eine Winterlandschaft aus der Modellbauabteilung, so z. B. Tannenbäume, Streuschnee und einen kleinen Schneemann.

Kleben Sie die Bäume mit einer Heißklebepistole fest.

Streuen Sie den Schnee über die Hügellandschaft.
Nehmen Sie einen roten Filzstift und Streichhölzer zur Hand.

Malen Sie die Streichhölzer an und stecken Sie sie als kleine Pistenmarkierungen in den Schnee. Legen Sie doppelseitiges Klebeband, einen Geldschein und ein Holzstäbchen bereit.

Kleben Sie das gezeigte Geldschildchen zusammen und befestigen Sie es mit doppelseitigem Klebeband am Innenrand des Untersetzers.
Nun benötigen Sie noch ein Stückchen rotes Tonpapier und einen Permanent-Marker.

Basteln Sie ein Schildchen, auf das Sie den Anlass schreiben, wofür das Geld gedacht ist, und stecken Sie es in die Winterlandschaft.

108 Zum Geburtstag ...

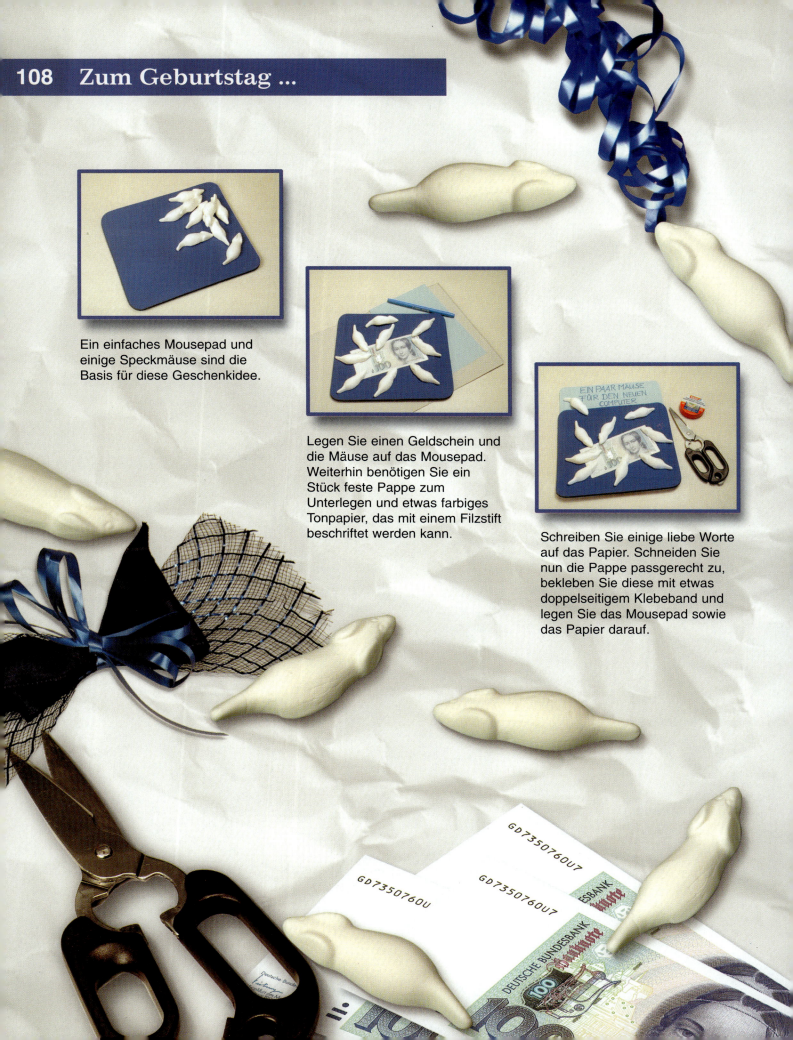

Ein einfaches Mousepad und einige Speckmäuse sind die Basis für diese Geschenkidee.

Legen Sie einen Geldschein und die Mäuse auf das Mousepad. Weiterhin benötigen Sie ein Stück feste Pappe zum Unterlegen und etwas farbiges Tonpapier, das mit einem Filzstift beschriftet werden kann.

Schreiben Sie einige liebe Worte auf das Papier. Schneiden Sie nun die Pappe passgerecht zu, bekleben Sie diese mit etwas doppelseitigem Klebeband und legen Sie das Mousepad sowie das Papier darauf.

... weiße Mäuse 109

Mit einer passenden Schleife kombiniert wird ein solches Geschenk nicht nur bei Computerfreaks Aufsehen erregen.

110 Zum Geburtstag ...

Ein günstiges Spielzeughandy erhalten Sie in jeder Spielwarenabteilung. Sie können jedoch auch ein altes, defektes Handy für diesen Zweck verwenden. Weiterhin benötigen Sie einen Geldschein und doppelseitiges Klebeband.

Knicken Sie den Geldschein so, dass möglichst nur noch der Betrag zu sehen ist und dass er auf das Display passt.

Kleben Sie den Schein auf dem Display, fest.

... Verbindungsgeld 111

Sie kennen jemanden, der sich schon lange ein Handy wünscht, dem jedoch noch das notwendige Kleingeld fehlt? Dann ist das Spielzeughandy ein kostengünstiger Gag, der durch seine Klingel- und Sprechgeräusche, die beim Drücken der Tasten ausgelöst werden, nicht nur den Beschenkten zum Lachen bringen wird.

112 Zum Geburtstag ...

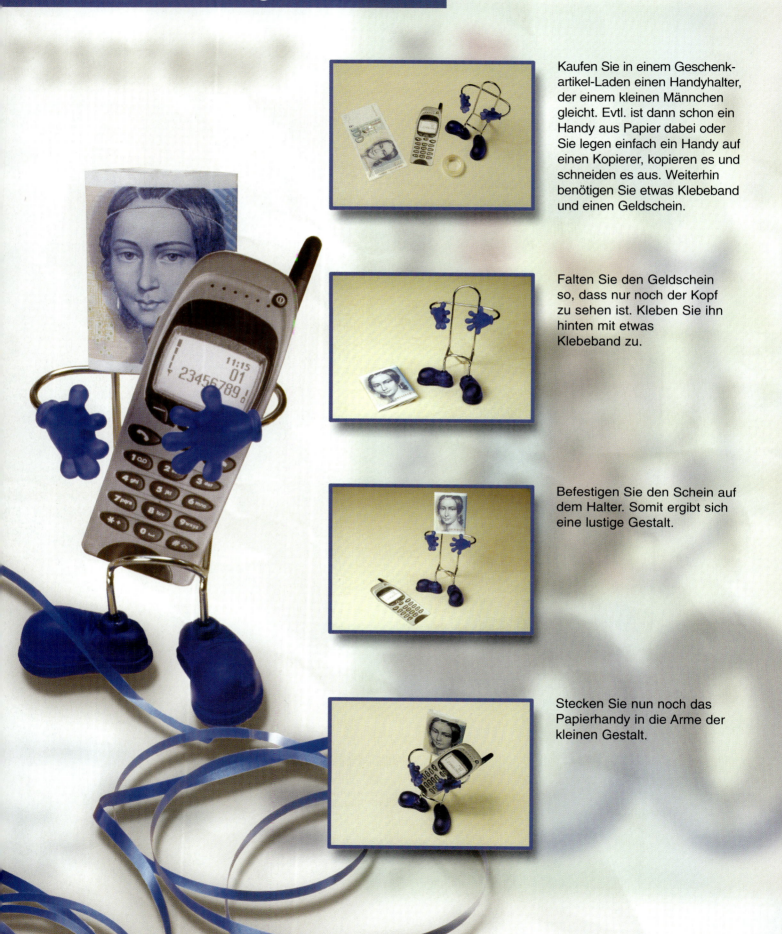

Kaufen Sie in einem Geschenkartikel-Laden einen Handyhalter, der einem kleinen Männchen gleicht. Evtl. ist dann schon ein Handy aus Papier dabei oder Sie legen einfach ein Handy auf einen Kopierer, kopieren es und schneiden es aus. Weiterhin benötigen Sie etwas Klebeband und einen Geldschein.

Falten Sie den Geldschein so, dass nur noch der Kopf zu sehen ist. Kleben Sie ihn hinten mit etwas Klebeband zu.

Befestigen Sie den Schein auf dem Halter. Somit ergibt sich eine lustige Gestalt.

Stecken Sie nun noch das Papierhandy in die Arme der kleinen Gestalt.

... Laberkohle 113

Elne willkommene Beihilfe für jeden, der hohe Handygebühren hat.
Verpacken Sie den Ständer in Klarsichtfolie. Als nette Zugabe bietet sich die Schleife an, die Sie aus einer alten Telefonbuchseite basteln.

114 Zum Geburtstag ...

Verwenden Sie für die Rennbahn einen länglichen Blumentopfuntersetzer, eine Styroporplatte, einen Permanent-Marker und einen Cutter.

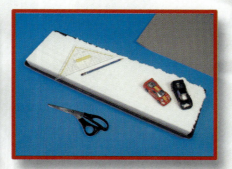

Schneiden Sie die Styroporplatte mit dem Cutter passgerecht für den Untersetzer zu. Schneiden Sie die vordere Kante wie bei einem kleinen Abhang an.
Legen Sie sich grauen Tonkarton, Schere, Bleistift, Geodreieck und einige kleine Rennwagen bereit.

Zum Ausspachteln benötigen Sie eine Spachtel, etwas Gips und einen Mörtelbecher.
Zuerst schneiden Sie jedoch die Fahrbahn passgerecht zu.

Spachteln Sie mit dem Gips die leeren Ecken zwischen Untersetzer und Styropor aus.
Legen Sie ein langes Stück farbigen Tonkarton, Schere, Bleistift, doppelseitiges Klebeband und einige Geldscheine bereit.

Verteilen Sie den Klebstoff dünn auf dem Styropor und streuen Sie das Gras vorsichtig darüber.
Legen Sie ein Stück weißen Stoff, einen schwarzen Permanent-Marker und ein weißes Holzstäbchen bereit.

Basteln Sie aus der Tonpappe eine kleine Absperrung, bekleben Sie diese mit den Geldscheinen und kleben Sie sie an der Rückseite fest.
Besorgen Sie Modellbaugras, etwas Moos und Klebstoff.

Zeichnen Sie ein schwarz-weißes Karomuster auf den weißen Stoff. Kleben Sie ihn an dem Stäbchen fest und stecken Sie die fertige Zielflagge vorne in das Gras.

... Sportschotter 115

Ein tolles Geschenk besonders für Männer, die sich für den Rennsport interessieren. Wenn Sie die beiden Rennwagen gegen Formel-1-Wagen austauschen, weiß der Beschenkte sofort, wofür das Geschenk gedacht ist: z. B. für eine Eintrittskarte für ein Rennen. Wickeln Sie die kleine Rennbahn in etwas Klarsichtfolie ein.

116　Zum Geburtstag ...

Ein Benzinkanister von der Tankstelle, beliebig viele Geldscheine und etwas Paketschnur ist alles, was Sie brauchen.

Falten Sie die Geldscheine locker zu kleinen Fächern zusammen und knoten Sie sie an der Paketschnur fest.

Stecken Sie die Geldschnur in den Kanister.

Knoten Sie die Schnur an dem Deckel des Kanisters gut fest.

Schrauben Sie den Kanister zu.

... Spritgeld 117

Ein nützliches Geschenk für jeden, der viel fährt und dem die steigenden Benzinpreise auf den Geldbeutel schlagen.
Mit einer üppigen roten Schleife umwickelt wirkt der Kanister sehr edel und die nette Überraschung kommt erst beim Aufschrauben des Deckels zum Vorschein.

118 Zum Geburtstag …

Nehmen Sie einen alten Regenschirm (möglichst klein) und silbernes Acrylspray zur Hand.

Spannen Sie den Schirm auf, sprühen Sie ihn silber an und lassen Sie ihn trocknen.
Nun benötigen Sie silbernes Ringelband, viele silberne Münzen und Klebestreifen.

Kleben Sie die Münzen mit dem Klebeband an dem Ringelband fest.

Schneiden Sie die Regenkette anschließend in viele Streifen.

Knoten Sie die Regenstrahlen an den Spannbügeln des Schirms fest. Entscheiden Sie sich dabei nur für eine Hälfte des Schirms, damit der „Regen" beim Aufstellen des aufgespannten Schirms nicht auf dem Boden hängt.

Binden Sie eine Schleife aus breitem Geschenk- und schmalem Ringelband zusammen und heften Sie sie an den Rand des Regenschirms.

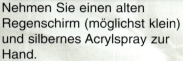

...Silberregen 119

Eine witzige Geschenkidee zum Geburtstag. Sie können den Schirm entweder aufgespannt mit einer großen Schleife am Rand überreichen oder den zugespannten Regenschirm in Geschenkpapier verpacken.

120 Zum Geburtstag …

Wenn Sie zum einen die Interessen des zu Beschenkenden nicht genau kennen und er zum anderen auch keine Wünsche geäußert hat, so ist dies eine nette, leicht zu verwirklichende Idee, mit der jeder etwas anfangen kann.
Verpacken Sie das Geschenk in Klarsichtfolie. Je nach Belieben können Sie eine Serviette unter die Eierbecher legen und eine passende Schleife an die Folie heften.

... Eiermänner 121

Sie benötigen einige schlichte Eierbecher, die schon zu günstigen Preisen erhältlich sind.

Arrangieren Sie die Eierbecher z. B. auf einer Glasschale oder auf einem Tablett.

Verwenden Sie die gleiche Anzahl Geldscheine wie Eierbecher.

Rollen Sie die Geldscheine vorsichtig ein und stecken Sie sie in die Becher. Achten Sie dabei darauf, dass die Köpfe auf den Scheinen gut sichtbar sind.

122 Zum Geburtstag ...

Einen schönen Stiftehalter oder ein originelles Gefäß können Sie in fast jeder Schreibwaren- oder Geschenkabteilung erhalten. Außerdem brauchen Sie zu dem Halter passendes Tonpapier, einen Permanent-Marker und eine Schere.

Schneiden Sie ein großes Schild zurecht und beschriften Sie es mit einem originellen Spruch. Legen Sie ein Stück Graupappe, Wellpappe und einen Klebestift für die Unterlage bereit.

Verstärken Sie die Wellpappe mit der Graupappe und legen Sie sich viele, saubere Münzen und doppelseitiges Klebeband bereit.

Füllen Sie den Stiftehalter mit den Münzen. Kleben Sie einige Münzen außen und auf der Unterlage fest. Klammern Sie zwei weitere Münzen in den Klammern fest.

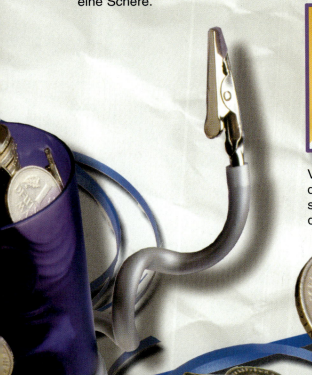

# ... einen Asche-Becher

Ein Geburtstagsgeschenk, das praktisch für jedermann geeignet ist. Der richtige Spruch macht diese Idee zu einem trendigen Geschenk.
Bei der Verpackung sollten Sie darauf achten, dass die Farbe der Schleife gut auf den Stiftehalter und das Schild abgestimmt ist.

124 Zum Geburtstag ...

Sie benötigen einen Frosch aus dem Gartencenter, eine runde Spiegelplatte, etwas Schilf, passendes Geschenkband, einen Geldschein und eine Seerose.

Den Geldschein befestigen Sie mit dem Geschenkband am Frosch.

Falten Sie den Schein wie einen Fächer und binden Sie ihn in der Mitte mit dem Geschenkband zusammen.

Binden Sie die Geldfliege um den Hals des Frosches.

Kleben Sie das Schilf mit doppelseitigem Klebeband zusammen.

Kleben Sie den Schilfstrauch an dem Rücken des Frosches fest.

Zum Schluss legen Sie noch die Seerose auf den Spiegel vor den Frosch.

... ein paar Kröten　125

Ein passendes Geburtstagsgeschenk für jemanden, der die Natur mag und vielleicht ein schönes Plätzchen für den Frosch im Garten oder auf der Fensterbank findet.
Wickeln Sie Transparentfolie um den kleinen Froschteich und heften Sie eine passende Schleife daran.

126 Zum Geburtstag ...

Verwenden Sie ein Blumentöpfchen, einen Steckschwamm, einige Zweige aus dem Garten, Blumendraht und beliebig viele Geldscheine.

Falten Sie die Scheine zu einem Fächer mit möglichst vielen kleinen Fächern.

Mit dem Seitenschneider schneiden Sie ein Stück Draht ab und befestigen daran die gefalteten Scheine.

2 Scheine ergeben immer eine Blüte.

Passen Sie den Steckschwamm dem Blumentöpfchen an und stecken Sie die Zweige und die Blüten hinein.

Das Gesteck ist fertig, wenn der Steckschwamm nicht mehr zu sehen ist und es voluminös genug wirkt.

... ein Scheinbäumchen 127

In Klarsichtfolie verpackt ein wirkungsvolles Geschenk, und zugleich ein ansprechendes Dekostück, das Sie anstelle von Blumen überreichen können.

128 Zum Geburtstag ...

Sie haben einen lieben Menschen, dem Sie eine besondere Freude machen wollen? Legen Sie die Rose auf etwas farbiges Papier und kräuseln Sie grünes Geschenkband am Rand entlang.

... Blattgeld   129

Grünes Krepppapier, Papiertaschentücher, einige Geldscheine, Gummiringe, Blumendraht, eine Schere und ein Holzstab sind die Ausgangsmaterialien.

Fassen Sie ein Taschentuch in der Mitte zusammen und verknoten Sie die Stelle mit einem Gummiring. Ziehen Sie die einzelnen Lagen so auseinander, dass eine kleine Blüte entsteht.

Nachdem aus 3 Taschentüchern kleine Blüten geworden sind, binden Sie diese mit einem Gummiband zu einer großen zusammen.

Umwickeln Sie den Holzstab mit dem grünen Krepppapier.

Basteln Sie aus dem Krepppapier und den Geldscheinen die Blätter der Rose. Umwickeln Sie die Blätter mit etwas Blumendraht.

Befestigen Sie die Blätter an dem Stab.

Legen Sie etwas Blumendraht um die Gummiringe der Blüte und befestigen Sie die Blüte an dem Stab.

130 Register

Alphabetisches Register

Abitur	... Abschlussprämie	44-45
Baby	... Kindergeld	18-19
Baby	... Storch, Eier vom	16-17
Essen gehen	... Chinesen, beim	62-63
Essen gehen	... Fast for free	66-67
Essen gehen	... Pasta Zasta	64-65
Führerschein	... Kohle, rasante	42-43
Führerschein	... Zasterlaster, einen	40-41
Geburtstag	... Asche-Becher, einen	122-123
Geburtstag	... Blattgeld	128-129
Geburtstag	... Eiermänner	120-121
Geburtstag	... Kröten, ein paar	124-125
Geburtstag	... Laberkohle	112-113
Geburtstag	... Mäuse, weiße	108-109
Geburtstag	... Scheinbäumchen, ein	126-127
Geburtstag	... Silberregen	118-119
Geburtstag	... Sportschotter	114-115
Geburtstag	... Spritgeld	116-117
Geburtstag	... Verbindungsgeld	110-111
Hochzeit	... Knete, herzlich viel	48-49
Hochzeit	... Paar, ein bildschönes	50-51
Hochzeit	... Starthilfe, eine	52-53
Kindergeburtstag	... Asche zum Vernaschen	28-29
Kindergeburtstag	... Knete, tierisch viel	20-21
Kindergeburtstag	... Lesemäuse	26-27
Kindergeburtstag	... Manege frei	22-23
Kindergeburtstag	... Prämie zum Verballern, eine	24-25
Kommunion	... Sack voller Taler, einen	34-35
Konfirmation	... Seiten, geheimnisvolle	36-37
Lesen	... Zeitungsgeld	90-91
Musik	... CD, eine markige	88-89
Musik	... Zuschuss, ein gehöriger	86-87
Ostern	... Eier, ein paar	102-103
Reisen	... Flocken, ein paar	74-75

Register   131

Reisen	... Flüssiges, etwas	76-77
Reisen	... Koffergeld	68-69
Reisen	... Schotter, etwas	72-73
Reisen	... Welt, in die neue	70-71
Schulanfang	... Krokodil, ein fettes	32-33
Schulanfang	... Tafel, Kreide, Knete	30-31
Styling	... Kohle, haarig viel	80-81
Styling	... Scheine an der Leine	78-79
Styling	... Schmiergeld	82-83
Styling	... Waschgeld	84-85
Tierisch	... Goldfische, viele	98-99
Tierisch	... Heu, viel	92-93
Tierische	... Katzenmäuse	96-97
Tierisch	... Kies, viel	100-101
Tierische	... Knochenkohle	94-95
Verlobung	... Kohle zum Verheizen	46-47
Volljährigkeit	... Strauß voll Blüten, einen	38-39
Weihnachten	... Scheingesteck, ein	104-105
Weihnachten	... Schlitterkohle	106-107
Zuhause	... Eingemachtes	54-55
Zuhause	... Fensterschmuck	58-59
Zuhause	... Geld baden, im	56-57
Zuhause	... Scheine zum Verkleistern	60-61

Kapitelregister

Für das Baby	16-19	Essen gehen	62-67
Kindergeburtstag	20-29	Reisen	68-77
Schulanfang	30-33	Für das Styling	78-85
Kommunion	34-35	Musik	86-89
Konfirmation	36-37	Lesen	90-91
Volljährigkeit	38-39	Tiere	92-101
Führerschein	40-43	Ostern	102-103
Abitur	44-45	Weihnachten	104-107
Verlobung	46-47	Geburtstag	108-129
Hochzeit	48-53		
Für das Zuhause	54-61		

© Paramount Publishing
Germany 2000

Genehmigte Lizenzausgabe
EDITION XXL GmbH
Reichelsheim, 2000

Idee, Text und Gestaltung: Sonja Sammüller
Fotografien: Mathias Weil
Layout und Umsetzung: Eckhard Freytag

ISBN 3-89736-206-6

Der Inhalt dieses Buches ist von Autorin und Verlag
sorgfältig erwogen und geprüft.
Eine Haftung für Personen-, Sach- und/oder
Vermögensschäden kann nicht übernommen werden.